# Lächeln überall ...
## Eine Exkursion durch Indochina

Siggi Sawall

# Lächeln überall ...
## Eine Exkursion durch Indochina

Bibliografische Information der Deutschen Nationalbibliothek:
Die Deutsche Nationalbibliothek verzeichnet diese Publikation in
der Deutschen Nationalbibliografie; detaillierte bibliografische Daten
sind im Internet über http://dnb.d-nb.de abrufbar.

© Siggi Sawall, 2016
Alle Rechte vorbehalten

Lektorat, Korrektorat, Redaktion: Peter Fichte
Layout, Covergestaltung: Veronique Griechen

Herstellung und Verlag: BoD - Books on Demand, Norderstedt

ISBN: 978-3-7412-6325-5

# Inhaltsverzeichnis

| | |
|---|---|
| *Vorwort* | 7 |
| *Myanmar? Burma? Oder Birma?* | 8 |
|   *Yangon* | 8 |
|     Die Shwedagon-Pagode - ein Wahrzeichen aus Gold | 13 |
|   *Auf dem Landweg zur alten Königsstadt Bago.* | 16 |
|     Der Tagesablauf der Mönche | 16 |
|     Schönheitssymbol „Weiße Haut" | 22 |
|   *Von Yangon zum Inle-See* | 25 |
|     Inle-See | 27 |
|     Die Einbein-Fischer | 29 |
|   *Mandalay - ein poetisch klingender Name* | 30 |
|   *Flussfahrt auf dem Irrawaddy* | 33 |
|   *Bagan und die Kraft der Stille* | 37 |
| *Hallo Laos - „Saboti Laos"* | 40 |
|   *Vientiane* | 42 |
|     Nur nicht das Gesicht verlieren! | 44 |
|   *Exkursion in die „Ebene der Tonkrüge"* | 45 |
|   *In der Ebene der Tonkrüge* | 46 |
|   *Luang Prabang* | 47 |
|     Drei Tage „Überlebenstraining" | 47 |
| *Kambodscha* | 49 |

## „Steinzeitsozialismus" in Kambodscha — 49
### Glück muss man haben! — 52
## Wer war König Norodom Sihanouk? — 54
## Begegnung mit König Sihanouk in den Tempeln von Angkor Wat — 55
### Mit dem Schnellboot zurück nach Phnom Penh — 66

# Vietnam — 68

## Flug von Kambodscha nach Vietnam — 68
## Wer war Hồ Chí Minh? — 70
## Romantik und Mystik in der Halong-Bucht — 72
### Flug von Hanoi nach Da Nang — 73
## Đà Nẵng — 73
## Hội An und Huế — 74
## Der Ho-Chi-Minh-Pfad — 75
### Der Autor im Tunnelsystem — 78
## Saigon / Ho-Chi-Minh-Stadt — 82
## Bootsflüchtlinge — 84
## Mekong-Delta — 85

# *Vorwort*

Der Begriff Indochina umfasst vor allem Länder in Südostasien, die östlich des indischen Subkontinents und südlich von China liegen: Burma (Myanmar), Laos, Kambodscha und Vietnam.
Länder, die über Jahrzehnte von den Kolonialmächten Frankreich und Großbritannien beherrscht wurden. Jahrzehntelang waren diese Länder durch Kriege, Bürgerkriege und durch das Terrorregime der Roten Khmer in Kambodscha nicht zugänglich.
Besonders der ideologische Krieg zwischen den USA und dem kommunistischen Nord-Vietnam forderte zigtausend Tote.
Sie alle waren sozialistische Länder.

Seit Beendigung der kriegerischen Auseinandersetzungen öffneten sich die Länder mehr und mehr und stehen wieder im Blickfeld der Weltöffentlichkeit.

Ein Gebiet vieler Kulturstätten, Pagoden und Tempel, vom Buddhismus geprägt. Verbunden durch den 4.350 (nach anderen Quellen 4.500) Kilometer langen Mekong, dessen Quelle in Tibet liegt, der durch die Länder Indochinas und ins südchinesische Meer (Südvietnam) fließt.
Hört man den Namen „Mekong", entsteht ein magisches Gefühl, aber auch ein Gefühl der Geborgenheit. Der Mekong ist nicht nur Nahrungsquelle, sondern spielt eine wichtige strategische Rolle.
Nur wenige Flüsse haben die Phantasie der Menschen derart beflügelt - und die Menschen lächeln wieder ... - überall.

## *Myanmar? Burma? Oder Birma?*

Die Briten nannten das Land einst Burma, die Deutschen Birma, und seit 2005 heißt es offiziell „Republik der Union Myanmar". Mit der Namensänderung will man zum Ausdruck bringen, dass das Land nicht nur aus Burmesen besteht, sondern aus circa 135 ethnischen Stämmen, wobei zweifelsohne die Burmesen die überwiegend größte Volksgruppe sind.

Myanmar bildet geographisch eine Brücke zwischen dem indischen Subkontinent und Südostasien.

## Yangon

Die Hauptstadt Rangun (heute: Yangon) war bis 2005 Regierungssitz, bis schließlich Naypyidaw der neue Sitz der Regierung wurde.

Aus dem Grau in Grau von früher zeigt sich Yangon heute lebendig, farbenfroh und großstädtisch. Die Stadt ist weitläufig und breitet sich fächerförmig aus.
Tempel, Pagoden, Seen und viel Grün, wohin das Auge schaut.

Nach der Öffnung Myanmars ist noch wenig Flugverkehr: drei einheimische Inlands-Propellermaschinen und ein Flugzeug der „Silk Air" sehe ich.

Im Gegensatz zu anderen asiatischen Hauptstädten, vor allem Bangkok, ist der Straßenverkehr ruhig und flüssig.
Klapprige Busse und Lastkraftwagen (Lkw), die die Leute zur Arbeit fahren. Die Buskapazitäten reichen nicht aus.
Taxis und Personenwagen. Taxiähnliche Gefährte, die man auf den Philippinen „Jeepneys" (verlängerte Jeeps) nennt. Hier heißen sie „Bamos".
Kleine dreirädrige „Tuk-Tuks", japanische Automarken und sogar „VW Käfer" sieht man auf den Straßen.
Auf der Kreuzung steht hilflos ein fuchtelnder Polizist mit Trillerpfeife.

Ich schaue mir den alten Bahnhof an, ein imponierendes Gebäude im Kolonialstil.
Massen an Menschen, die in der Bahnhofshalle auf dem Boden sitzen und auf den Zug warten.
Welcher Zug fährt, ist für mich nicht zu erkennen. Ich kann die burmesische Schrift nicht entziffern, die für mich nur aus Schnörkeln besteht.
Der Blick auf die Gleise zeigt vier abgestellte Waggons und mit Unkraut überwucherte Gleise.

In der Nähe des Bahnhofs liegt ein Markt.
Hübsch dekorierte Obststände. Der Duft von Garküchen und das Klappern von Töpfen und Deckeln. Pfannen, die ihre Feuerstelle wechseln. Große und kleine Pfannen, in denen es brutzelt.
Angenehme Düfte, die durch die Marktstände ziehen.

Leere Plastikflaschen hängen aufgereiht an einer Schnur.
Wer Durst hat, kann die leeren Flaschen mit Wasser aus einer Plastikwanne füllen und mitnehmen.

Kerzengerade balancierende Frauen, die würdevoll auf dem Kopf eine Schüssel mit Melonen nach Hause bringen.

Auf dem Markt oder in Hauseingängen alte Frauen, die auf den Knien hocken und genüsslich an einer dicken Zigarre ziehen.
Zigarren aus Maisblättern, die man als „Cheerots" bezeichnet.

Frauen und Männer, die Betelnüsse kauen und den rot gefärbten Speichel durch den Mund schieben. Ihre Zähne sind rot gefärbt.

In der Stadtmitte verdichtet sich der Verkehr, aber es kommt zu keinen Staus.
Viele Gebäude sind aus der Kolonialzeit, zum Beispiel das alte Rathaus und Oberste Gerichtsgebäude mit dem markanten Turm.

Baustile wie man sie in Mumbai (früher: Bombay) oder Kalkutta in Indien findet.
Bemerkenswert ist, dass man auch vereinzelt Kirchen sieht.

Zigarren aus Maisblättern rauchende Frau

Insgesamt sehen die alten Gebäude schon recht baufällig aus, als würden sie die nächsten Jahrzehnte nicht mehr überstehen können.
Häuser, die bereits abgerissen sind und durch Betonklötze ersetzt werden.
Kein Gebäude darf in Yangon höher als sieben Stockwerke sein.
Es fragt sich, ob das so bleibt.

In Myanmar herrschte seit Jahrzehnten eine sozialistische Militärregierung mit kommunistischem Anstrich. Eine Regierung, die den Weg totaler Neutralität gewählt hat und das Land „abwirtschaftete".
Politisch tritt das Land kaum in Erscheinung.
Bekannt wurde es im Zusammenhang mit Sithu U Thant, dem Generalsekretär der UNO in den Jahren 1961 bis 1971, der aus dem damaligen Burma stammte.

Das Land blieb isoliert. Industrie und Landwirtschaft stagnierten.
Obwohl reich an Bodenschätzen und Öl, musste man Energie einführen - statt zu exportieren.
Früher wurde zum Beispiel Reis auch exportiert, heute wird Reis eingeführt.
Die Folge war, dass das Land keine Devisen mehr hatte, um beispielsweise alte Öl-Fördertürme durch neue zu ersetzen. Es fehlten Ersatzteile.

Seit dem Jahr 2011 kam es „scheibchenweise" zur Wende.
Die Militärs gaben Machtanteile zurück und übertrugen sie 2012

der Friedensnobelpreisträgerin und Oppositionsführerin „Aung San Suu Kyi", die zuvor zwölf Jahre unter Hausarrest stand.
Es wurden freie Wahlen durchgeführt, in der sie mit überwältigender Mehrheit gewählt wurde.
Demokratische Strukturen entstanden.
Soviel kurz zum aktuellen Geschichtsablauf.

In Yangon Handel und Wandel.
Es duftet überall nach Garküchen; gegessen wird immer.

Die Straßen sind rechtwinklig angelegt, so dass man sich recht gut orientieren kann.
Alte Straßenschilder und neue, die burmesisch und englisch beschriftet sind.

Anders im Land selbst. Da ist die Infrastruktur kompliziert. In dem 677.000 Quadratkilometer großen, von Dschungel und Bergkette gezeichneten Land gibt es wenig befahrbare Straßen.
Der Transport von Gütern beschränkt sich grundsätzlich auf das Flusssystem.
Außerdem gibt es militärische Sperrgebiete, in denen es zu kriegerischen Auseinandersetzungen mit den Stämmen kommt.
Zum Beispiel in der Provinz „Shan": Noch vor Jahrzehnten galt dieses Gebiet als weltgrößter Opium-Produzent. Die Regierung schloss mit den Einheimischen Verträge ab, um den Mohnanbau zu reduzieren. Mohnfelder wurden sogar zerstört.
Wie es heißt, sollen sich die Einheimischen nicht an die Vereinbarungen gehalten haben.

Sie leben vom Mohnanbau und die Nachfrage nach dem Rauschgift ist groß - besonders auch in den westlichen Ländern.

Ganz im Gegensatz zur Infrastruktur des Landes ist die Infrastruktur in Yangon überschaubar.
Ich erkunde die Stadt mit einer Fahrradriksha. Die Sitze sind so eng, dass ich mich wie in einen Schraubstock hineinzwingen muss. Mein Ziel ist das Chinesen-Viertel. Enge Gassen und wohlriechende Weihrauchschwaden. Aber auch übelriechende Schwaden, die durch die Gassen ziehen.

Die Stadt ist voller Tempel und Pagoden. Die größte und bekannteste ist die Shwedagon-Pagode.

## Die Shwedagon-Pagode - ein Wahrzeichen aus Gold

Die Shwedagon-Pagode besteht aus 60 Tonnen reinem Gold.
Mit einer Höhe von 98 Meter ist sie weithin gut sichtbar.
Sie ist das wichtigste Heiligtum des Buddhismus in Yangon und gleichzeitig Wahrzeichen der Stadt.

Die Shwedagon-Pagode schimmert nicht nur „goldig", sie besteht zu einem Großteil aus echtem Gold. Es sollen 60 Tonnen Gold und in der Spitze tausende Edelsteine verbaut worden sein.
Es wird gesagt, dass in der Shwedagon-Pagode mehr Gold verarbeitet sein soll, als die Bank von England lagert.

Die Shwedagon-Pagode ist stahlende Oase, wie ein leuchtender Juwel. Sie ist der Mittelpunkt eines ganzen Tempelgeländes mit Gebetsnischen, Buddhafiguren und kleineren Tempeln.

Tempelgelände der Shwedagon-Pagode

Die Shwedagon-Pagode wird bereits morgens um vier Uhr geöffnet.
Gläubige besuchen ihr Heiligtum bereits vor Arbeitsbeginn, vor allem aber nach getaner Arbeit.

Den Tempelbereich betritt man barfuß. Er ist vollständig gefliest und wird - ohne dass es auffällt - ständig sauber gemacht.
Um die Pagode herum befinden sich unzählige Nebentempel, die man nach buddhistischem Ritual im Uhrzeigersinn umrundet.

Mönche in safranfarbenen Gewändern.
Schreine und Skulpturen in Löwengestalt. Eine geisterhafte Kulisse, besonders in den Abendstunden, wenn die Sonne untergeht.
Aufflackernde Butterlampen lassen das ganze Bild bei Dämmerung und Dunkelheit noch geheimnisvoller und mysteriöser erscheinen.
Eine vollkommen fremde Welt, die wirkt.
Fledermäuse, die durch das abendliche Licht flattern, reine „Radar-Segler".
Scheinwerfer mit gedämpften Licht.
Das Ganze strahlt Harmonie und Ruhe aus.

Myanmar wird als „Goldenes Land" bezeichnet. Überall im Land goldig scheinende Tempel und Pagoden. Man gewinnt den Eindruck, dass das Land sei, in dem Milch und Honig fließen. Das stimmt aber nicht. Die Bevölkerung ist arm, aber im ganzen Land stehen mit Blattgold überzogene Pagoden.
Gold ist Ausdruck und Symbol tiefer Religiosität der Menschen, die opferbereit sind.

# Auf dem Landweg zur alten Königsstadt Bago.

Bago war vom 14. bis 16. Jahrhundert die Hauptstadt der Mon-Könige.
König Bayinnaung gründete das Burmesische Reich.
Eine Stadt der Tempel, Pagoden und Mönche.

## **Der Tagesablauf der Mönche**

Der Tag beginnt für die Mönche frühmorgens um 03.30 Uhr mit dem Aufstehen.
Um 04.15 Uhr erfolgt das Frühgebet und um 05.00 Uhr das Meditieren.
Das Frühstück beginnt danach. Es besteht aus Gemüse, Obst und Tee.
Kein Wort wird gesprochen, alles vollzieht sich im Stillen.

Anschließend ziehen die Mönche in Reih und Glied in ihren zinnroten Gewändern barfuß durch die Straßen, von Haus zu Haus, und sammeln (betteln) Essen ein: Reis, Obst und so weiter.
Sie „betteln" ... ohne ein Wort zu sagen. Man nennt sie daher „Bettelmönche".
Am Straßenrand sitzen Gläubige, die stolz darauf sind, dass sie spenden.
Hierbei gibt es keinerlei Blickkontakt zwischen Mönchen und Spendern. Es fällt auch kein Wort.

Novizinnen (oben) und Bettelmönche (unten)

Bettelmönche

Dies gilt auch für die Novizinnen (Buddhistinnen), die kahlgeschoren sind, aber eine Haube auf dem Kopf tragen. Ein Stück Eitelkeit der Frau.

Ein für uns seltsames Bild, so viele Mönche in langen Reihen frühmorgens die Straßen entlang ziehen zu sehen, wie im Gänsemarsch.

Im Kloster erfolgt gegen 11.00 Uhr die Speisung nach buddhistischem Ritual.
Novizinnen und Mönche speisen in verschiedenen Klöstern.

Eine Glocke ertönt, und plötzlich fangen alle Hunde an zu jaulen - auch sie sind hungrig.
Ob sie die Reste bekommen?

Hunderte Mönche stehen still und diszipliniert hintereinander in einer Reihe, den Blechtopf in der Hand haltend, um ihn mit Mittagessen füllen zu lassen.
Neben riesengroßen Aluminiumtöpfen stehen Mönche bereit, um mit einer Kelle die Näpfe zu füllen. Es geht „Schlag auf Schlag".

Krümel (Reiskörner), die herunterfallen, werden von einem jungen Mönch direkt aufgekehrt.

Gegessen wird gemeinsam in einem riesengroßen Klosterraum.
Die Mönche sitzen zu sechs oder acht Personen auf dem Boden an einem flachen, runden Tisch und speisen aus ihren Näpfen. Soße und Tee stehen auf dem Tisch.

Essen aus großen Aluminiumtöpfen

Speisesaal der Mönche

Speisesaal der Mönche

Auch während des Speisens werden untereinander keine Worte gewechselt.
Kein Geschnatter, wie etwa in einer Bahnhofshalle.

Gesprochen und lautstark diskutiert wird erst auf einer Klosterwiese, wo sich die Einzelnen in Gruppen niederlassen.

Es ist Pflicht, nach Ende der Schulzeit mindestens ein halbes Jahr als Novize oder Mönch in ein Kloster zu gehen.

Das Wahrzeichen der Stadt Bago ist die Shwemawdaw-Pagode, die im Laufe der Zeit immer höher gebaut wurde und inzwischen die imposante Höhe von 114 Meter erreicht hat.

Auffallend viele Kinder und junge Frauen mit handtellergroßen Klecksen auf der Wange.

## Schönheitssymbol „Weiße Haut"

Wie überall auf der Welt legen die Frauen großen Wert auf ihr Äußeres, insbesondere auf ihre Schminke im Gesicht.
Ob arm oder reich, ob Kind oder Frau, man schminkt sich mit „Thanaka", einer Paste, die aus der Rinde des Indischen Holzapfelbaumes gewonnen wird. Dieses reine Naturprodukt wird in Bottichen mit Wasser angereichert und zerstampft. Es entsteht eine schmierige, gelblich-weiße Masse.

Thanaka wird auch als Schutz gegen die starke Sonneneinstrahlung genommen.
Auch Kinder (Mädchen und Jungen) schmieren sich Thanaka ins Gesicht.

Schönsein heißt in Asien, weiße Haut zu haben. Das mögen die asiatischen Männer, so erzählen die Frauen.
Frauen investieren daher viel in Kosmetika, um einen helleren Teint zu haben. Ganz im Gegensatz zu unserer Kultur, wo die Farbe „braun" aktuell ist.

In Asien eine gebräunte Haut zu haben, zeugt von Armut und davon, hart arbeiten zu müssen. Für die meisten Menschen in Asien strahlt weiße Haut Vornehmheit und Weiblichkeit aus.

Thanaka als Schönheitssymbol

Zwei Drittel der asiatischen Männer bevorzugen „blasshäutige" Frauen.

Mit einer Vielzahl unvergesslicher Eindrücke kehren wir nach Yangon zurück, um von hier aus zum Inle-See zu fliegen.

Auf dem Rückweg nach Yangon besuchen wir den Soldatenfriedhof „Taukkyan War Cemetery", auf dem rund 30.000 gefallene Soldaten des Zweiten Weltkriegs beigesetzt sind.
Meist junge Soldaten, die Opfer eines wahnsinnigen Krieges mit insgesamt 40 Millionen Toten geworden sind. Ob sich daran heute noch jemand erinnern will?

70 Jahre später. Die Aggressionsspirale wird immer weiter nach oben gedreht ... bis es „knallt".
Der deutsche Außenminister äußerte sich 2015/16, dass so viele Feuerchen in der Welt gelegt werden, dass man nicht hinterher kommt, sie zu löschen.

Ich erinnere mich nicht nur an meine Kindheit nach dem Zweiten Weltkrieg, sondern auch an eine kleine Insel in der 2.000 Kilometer langen Aleutenkette am Rande der Welt, im hohen Norden zwischen Alaska und Kamtschatka, wo im Zweiten Weltkrieg 30.000 japanische und amerikanische Soldaten bei Luftkämpfen ums Leben kamen. Und heute?
Überall Bombentrichter. Außer Ratten und zwitschernden Vögeln sind keine Lebewesen mehr vorhanden. Menschen haben hier noch nie gelebt, sie mussten nur kämpfen und sterben.
Ein Schrein erinnert an die Gefallenen. Ansonsten sind sie vergessen!
„Auftrag erledigt und tot!"

Auf dem Weg nach Yangon halten wir noch einmal, und zwar am „Haus des guten Glücks".
Ein Schamane segnet Automobile. Das Ritual sieht vor, zweimal vor- und zurückzufahren. Dabei wird das Auto bespritzt.
Wohlgemerkt, es handelt sich nicht um eine Waschanlage für Autos!

## Von Yangon zum Inle-See

Am nächsten Morgen heißt es um 04.45 Uhr aufstehen.
Um 07.00 Uhr erfolgt der Flug mit einer Propellermaschine des Typs AR 72-210 nach Heho in der Nähe des Inle-Sees. Von hier aus bringt uns ein klappriger Bus weiter zum Inle-See.

Fliegen ist in Myanmar (Burma) gefährlich. Die Absturzquote spricht für sich.
Kein Wunder, dass sich einige Frauen während des gesamten Flugs die Hände vors Gesicht halten. Das habe ich zuvor nur bei Flügen zwischen den Kapverdischen Inseln, die teilweise bis zu 200 Kilometer voneinander entfernt sind, erlebt.

Das Flugzeug nach Heho fliegt in einer Höhe von 5.600 Meter.
Die Landschaft ist geprägt durch Wälder, Hügel und Berge.
Fast die Hälfte des Landes ist großflächig mit Wald bedeckt. Tropische Regenwälder mit üppiger Vegetation.
Flüsse, die sich durch die Landschaft winden.
„Versteckt" Pagoden mit spitzen und golden glänzenden Türmen.

Landeanflug auf Heho.
Felder und Ortschaften. Hohes Gras rechts und links der holprigen Landebahn.
Vier Grenzbeamte betreten das Flugzeug und kontrollieren die Pässe. Ungewöhnlich, dafür entfällt aber die Kontrolle im Flughafengebäude.

Die Straße zum Inle-See ähnelt einem Feldweg, der erst im letzten Abschnitt asphaltiert ist.
Wir erreichen den Ort „Nyaung Shwe" am Inle-See und besuchen den Stamm der „Giraffenfrauen".

Sie werden so genannt, weil sie langgestreckte Hälse wie Giraffen haben.
Die Giraffenfrauen gehören dem Stamm der „Padaung" an, der am Inle-See beheimatet ist.

Giraffenfrau

Um einen „Giraffenhals" zu bekommen, bekommen die Mädchen mit fünf Jahren den ersten Kupferring um den Hals gelegt. Der Hals streckt sich und ist nach dem 13. Ring doppelt so lang wie ursprünglich. Das führt zu einer Instabilität des Halses, so dass die Halsmuskulatur ohne Ringe nicht mehr in der Lage ist, den Kopf zu halten. Ohne die Ringe würde der Hals umknicken, die Frau ersticken. Ohne die Ringe könnten die Giraffenfrauen auch nur noch flach liegen. Eine quälende Prozedur.
Der Brauch ist inzwischen in Maynmar verboten worden.
Giraffenfrauen habe ich sonst nur in Äthiopien gesehen, wo sie sich gegen US-Dollar fotografieren lassen (wie hier auch).

## Inle-See

Ein Motorboot bringt uns in 35 Minuten zu unserem Domizil - Holzhäusern auf Pfählen im See.
Hier lebt der Stamm der Intha („Leute des Sees").
Nach einer halben Stunde geht es gleich weiter zum „Katzenkloster" Nga Phe Kyaung mitten im See. Hunderte umherspringende Katzen werden hier von Mönchen versorgt. Sie zeigen allerlei Kunststücke.

Der Inle-See liegt auf einer Höhe von 878 Meter über dem Meeresspiegel.
Von der Struktur her ähnelt er in vielen Dingen dem Titicacasee, der allerdings in einer Höhe von 4.000 Meter in Peru und Bolivien liegt und eine Tiefe von zwei bis drei Meter hat (wie auch der Inle-See).

Es ist bereits Abend, und über uns scheint der Mond am sternenklaren Himmel.
Zurückgekehrt bei Dunkelheit sitze ich nach dem Abendessen in meinem Zimmer auf dem Bett unter dem Moskitonetz. Wie eine Glocke hängt es über mir.
Ich sitze auf der Balustrade, beobachte den Sternenhimmel, schaue aufs Wasser und in die Dunkelheit der Nacht. Die Gedanken fließen in dieser Einsamkeit. Wohin hat mich das Schicksal eigentlich verschlagen?
Plötzlich ertönt ein Hahnenschrei. Es ist ungefähr 23.00 Uhr, als der „Hahn kräht".

In Wirklichkeit kommt der Hahnenschrei aber aus einer italienischen Gruppe, die noch lustig zusammensitzt - ein Gag.

Im Zimmer summen ein paar Moskitos, die nur eins wollen: mein Blut.
Es ist nicht ratsam, sich etwa zu parfümieren oder eine duftende Seife zu verwenden. Das zieht die Moskitos an.

Wer auf solche Exkursionen geht, sollte die vorgeschriebenen Verhaltensweisen beachten und mit einer „Apotheke im Bauch" in extreme tropische Gebiete reisen.

Morgendliche Stille am nächsten Tag.
Nebelschwaden, die sich bald auflösen werden.
Das heutige Ziel sind die „schwimmenden Gärten" in Ywama - auf Holzstegen im Wasser verankerte Gemüse- und Tomatenbeete.

Am Ufer eine Fülle von Farben. Bunt angezogene Marktfrauen, die unbeweglich in der Hocke sitzen und die Waren um sich verteilt haben.
Sie warten auf Kunden und kauen Betel, um das Hungergefühl zu verdrängen.
Frauen und Männer in traditionellen „Longyis" (Wickelröcken), die man in Indonesien „Sarong" nennt.

Malerisch die Shan-Frauen mit ihrer geflochtenen, turmartigen Kopfbedeckung.
Frauen mit Babys auf dem Arm.

## **Die Einbein-Fischer**

Fischer mit merkwürdigen Fangmethoden. Man nennt sie „Einbeinruderer". Vom Heck der schmalen Boote aus schwingen sie das Paddel mit dem Fuß. Dadurch haben Sie die Hände zum Angeln frei.

Einbeinruderer

Auf dem Boot liegt ein zylinderartiges Fangnetz, das über den Grund des Sees gezogen wird und Fische einfängt. Fachleute sprechen von einer korbartigen Reuse.

Im Wasser des Inle-Sees ein Dickicht von Schlingpflanzen. Stilles Wasser, aber der See wird vom Fluss „Bale Choung" gespeist.

Auf dem Landweg fahren wir in das 95 Kilometer entfernt liegende Pindaya am Inle-See.

Rapsfelder in strahlendem Gelb. Felder mit „Chapayolen", einer Art Kürbis. Auch Kohl wird angepflanzt.

Besuch einer Höhle mit kleinen und großen Buddhafiguren. Sie sind in Reih und Glied geordnet - bis hinauf in die Höhlennischen.

Wir verlassen den Inle-See und fliegen nach Mandalay.
Kurz ist der Flug, er dauert etwa 25 Minuten.

Reuse

## Mandalay - ein poetisch klingender Name

Faszinierend das Panorama der Stadt bei der Einfahrt.
An den Berghängen überdachte, kilometerlange Pagoden und Treppenaufgänge bei leuchtender Abendsonne. Welch eine faszinierende Welt, die uns empfängt.

Überdachte Treppen in Manadalay

Das Panorama, wie ein Gemälde harmonisch zu einer Einheit verbunden.
Unsichtbar schlägt das Herz buddhistischen Glaubens.
An seinem Fuß liegt der einstige Königspalast. Unzählige Pagoden, Paläste und Tempel.

Berührt wird Mandalay vom fast 2.200 Kilometer langen Fluss Irrawaddy.

Gegenüber des alten Königspalastes liegt das „Aung Shun Lai"-Hotel, das erste Haus am Platze, in dem wir wohnen.
Morgens um 06.30 Uhr sehe ich reihenweise Bettelmönche im Gänsemarsch durch die Straßen ziehen. Überall dort, wo sich ein Kloster befindet, sieht man frühmorgens bettelnde Mönche.

Unser heutiges Ziel ist der Ort Mingun, der auf der anderen Seite des Flusses liegt.
Die Einheimischen nennen den Fluss „Ayeyarwaddy", die Engländer „Irrawaddy".

Mit einem einheimischen Boot fahren wir auf dem Irrawaddy nach Mingun.
Dicht an dicht liegen blau angestrichene, einfache Boote an der Anlegestelle in Mandalay.
Um auf das Boot zu gelangen, muss man über ein breites Brett vom Ufer bis zum Boot gehen. Ein akrobatischer Akt, um das Boot zu erreichen.
In Mingun angekommen, müssen wir wieder ein Brett passieren, um nun ans Ufer zu gelangen.
Ochsenkarren, die uns durch den Ort fahren - sozusagen als Ersatz für ein Taxi.
Von Ochsenkarren aus können wir aber alles live erleben: die Gerüche, den Schweiß, den Verkehr und den Staub. Das Leben pulsiert.
Links und rechts der Straße fliegende Händler, die auf den Ochsenkarren springen, um ihre Ware anzubieten.
Überall Handel und Wandel.
Souvenirs aller Art und Farben, von bunten Sonnenschirmen aus Papier über Getränke bis hin zu Hüten, werden angeboten.

Eine zusammenhängende Struktur des Ortes ist nicht erkennbar.
Hütten zwischen Tempeln und Pagoden, Holzbrettverschläge mit Souvenirs

.Reste einer großen Pagode, die nicht zu Ende gebaut wurde. Durch ein Erdbeben 1838 stürzten Teile der Pagode ein. Überstanden hat das Erdbeben die zweitgrößte Glocke der Welt. Sie ist 3,70 Meter hoch, hat an der Basis einen Durchmesser von 5 Metern und wiegt etwa 87 Tonnen. Sie ist größer als die Zarenglocke im Kreml, aus der ein großes Stück herausgebrochen ist.

Der nächste Tag in Mandalay beginnt frühmorgens mit einem überwältigenden Sonnenaufgang.
Von der 1.200 Meter langen U-Bein-Brücke, der längsten Teakholzbrücke der Welt, genieße ich in aller Stille das Farbenspiel der aufgehenden Sonne.
Ein leichter Dunstschleier liegt vor dem morgendlich rötlichen Himmel und lässt das Ganze mysteriös aussehen. Kleine, schwarze Boote, die an venezianische Gondeln erinnern.
Im Hintergrund Pagoden im weißen Dunstschleier, und ein bezaubernder Himmel darüber ...

## Flussfahrt auf dem Irrawaddy

Das 70 Jahre alte Flussschiff, das in Schottland gebaut wurde, verkörpert einen nostalgischen Baustil und ist ganz aus Holz. Über Meere hinweg und entlang der Küsten fuhr es nach Burma. Eine außergewöhnliche Leistung, betrachtet man den plumpen Baustil. Das Schiff sieht aus, als ob beim Bau etwas vergessen wurde. Es vermittelt Kolonial-Atmosphäre. Das ganze Schiff ist holzgetäfelt.

Die geräumigen Kabinen liegen im oberen Bereich. Edel ausgestattete Kabinen aus Edelholz, zwei Betten, eine Minibar, Safe, Dusche und WC gehören zur Ausstattung.

Das Mittagessen wird nach englischer Art zubereitet und ist spartanisch. Es gibt Nudelsuppe mit Beilagen, Obstsalat, Tee und Kaffee.

Üppig dagegen ist das warme und kalte Buffet am Abend, das auf dem offenen Heck in einem flachen Boot dekoriert angeboten wird.

Als es dunkel ist, wird das Außenlicht abgeschaltet. Nur in den geschlossenen Räumen brennt das Licht; die Scheinwerfer mit gedämpftem Licht.

Was aussieht wie ein dichtes Schneetreiben sind Schwärme von Insekten, die kreuz und quer ganz wild fliegen und sich dabei paaren.
Nach dem Sexrausch sterben sie und fallen auf die Außendecks - eine weiße, schwammige, etwa sieben Zentimeter dicke Schicht.
Die Außendecks werden gesäubert. Matrosen, die mit einer Schippe die Masse in den Fluss schippen. Darüber werden sich die Fische freuen!

Gegen 21.00 Uhr erreichen wir eine erleuchtete Ansiedlung von Hütten. Hell erleuchtete Scheinwerfer.
Hier legt unser Schiff über Nacht an; nachts herrscht Fahrverbot.

Nach dem Anlegen gehen alle Lichter im Ort aus. In einigen Hütten flackert eine Glühbirne. Es ist mucksmäuschenstill, als wäre die Zeit stehengeblieben.

Als ich am nächsten Morgen aufwache, geht die Sonne auf.
Die Schiffsmotoren fangen an zu rattern, und ein wenig später fährt das Schiff.
Plötzlich gibt es einen Ruck!
Ich bin augenblicklich in der Kabine. Ist das Schiff etwa auf eine Sandbank gefahren?
Ich gehe aufs Deck und sehe, dass sich das Schiff in die Uferböschung hineingebohrt hat. Warum, das weiß offiziell niemand.
Vielleicht war es die Bordkatze, die in der Kapitänskajüte neben dem Steuermann sitzt. Ob sie das Steuer übernommen hatte?

Auf dem Fluss reger Schiffsverkehr. Frachter, kleine und große Boote. Holzflöße aus Teakholzstämmen, und am Ufer vereinzelt Hütten und Palmen.

Belebter noch ist es an Deck.
Die verspielte Katze springt hin und her, schleicht sich um die Beine und wird gestreichelt.
Als ich aufs Sonnendeck komme, sehe ich sie wieder neben dem Steuermann hocken. Mit Interesse schaut sie auf die Instrumente, als verstünde sie etwas von Nautik.

Der Steuermann steuert das Schiff backbord- und steuerbordseitig, der Fahrrinne entsprechend, um Sandbänken auszuweichen.

Das Gleiche haben meine Gattin Gaby und ich am Amazonas erlebt, obwohl dieser Strom erheblich länger und gewaltiger ist. Auf dem Amazonas ist abschnittweise sogar ein Lotse an Bord, um die Sandbänke zu umfahren.

Noch zwei Tage liegen auf dem 2.300 Kilometer langen Irrawaddy vor uns. Er ist der bedeutendste Fluss Myanmars.
Kleine Motorboote, die auf der Strecke von Yangun nach Bagan unterwegs sind und die Siedlungen versorgen. Sie legen viermal in der Woche die Strecke zurück.
Keine Häfen, nur wilde Anlegestellen.
Über Bretter werden die Güter zum Ufer getragen.

Ein Passagierschiff, das uns entgegen kommt. Ein Schiff mit hoch geschwungenem Heck.
Zwei Frachtschiffe mit Teakholzstämmen.
Myanmar ist eines der größten Exportländer für dieses Edelholz.

Vor uns liegt noch ein ganzer Tag durch das Dschungelgebiet, bevor das Schiff in Bagan anlegt.

# Bagan und die Kraft der Stille

Die Einfahrt nach Bagan ist romantisch. Die Sonne hangelt sich von Palme zu Palme, von Krone zu Krone, von Baum zu Baum. Umrisse von Pagoden in Ufernähe. Ihre Spitzen leuchten im Morgenlicht.

Unser Flussschiff, die „RV Pawlaw", muss „wild parken", also an einer Stelle ohne Kai anlegen.

Über ausgelegte Bretter verlassen wir das Schiff, nachdem die Matrosen - ähnlich wie auf der Lena in Sibirien - Taue und Leinen ans Ufer geworfen haben, um das Schiff an Bäumen festzumachen. Eine äußerst wackelige Ausschiffung beginnt, aber es geht alles - mit Hilfe der Matrosen - gut.

Das Ufer in Bagan ist von Tempeln und Pagoden gesäumt. Eine großartige Kulisse.

Oberhalb des Irrawaddy liegt ein weitläufiges Hotelgelände mit alter burmesischer Baukultur.

Der heilige Ort Bagan ist, wie Mandalay, geschichtsträchtig. Es ist ein erdbebengefährdetes Gebiet.
Zwischen dem 11. und 13. Jahrhundert sollen hier vier Millionen religiöse Bauwerke entstanden sein, von denen heute noch mehr als 2.000 erhalten geblieben sind. Tempel und Pagoden in einem

Gebiet von 35 Quadratkilometer Fläche. Eine bedeutende Kulisse historischer Bauwerke unterschiedlicher Bauweisen. Pagoden, die dem klassischen Stil nepalesischer Pagoden ähneln.

Unvergesslich ist der Blick in die Ebene beim Sonnenuntergang. Einfach überwältigend.
Verteilt sind hunderte Pagoden und Tempel.

Tausende von Sakralbauten schimmern im Abendlicht - geheimnisvoll und voller Faszination. Als würde die Erde brennen ... Eine unheimliche Stille legt sich über die Ebene. Wie bei einer Sonnenfinsternis, wenn der Mond die Erde verdunkelt und in ein ganz besonderes Licht taucht.Eine Magie, die davon ausgeht ... ein flammender Himmel ... und eine Landschaft, die ruht, aber nicht schläft. Ist es Traum oder Wirklichkeit? Es ist Wirklichkeit. Es ist die Kraft der Stille, in der man verharrt ...

Eindrücke beim Sonnenuntergang

# Hallo Laos - „Saboti Laos"

Eigentlich stellt man sich vor, aus der Flugzeugperspektive die Landschaft zu sehen. Dazu sind wir aber kaum gekommen, weil wir im Flieger mit einer Reihe von Formblättern ausgestattet worden sind, die möglichst bis zur Landung in Vientiane, der Hauptstadt von Laos, ausgefüllt sein sollten: Visumantrag, Ein- und Ausreisekarten sowie die Zoll- und Devisenerklärungen.
Wenig Zeit also, um von oben die tropische Landschaft zu sichten. Doch der Blick von oben reizt. Unterwegs Bergkuppen, Tropenwälder und Hügel - eingebettet in die Landschaft des Mekong.

Mit einer Handvoll ausgefüllter Papiere stehe ich am Einreiseschalter und entdecke ein Schild mit einem merkwürdigen Text. Man weist darauf hin, dass heute ein Feiertag in Laos sei und man als „Überstundenzuschlag" einen US-Dollar wünsche.

Mit den Papieren lege ich stillschweigend zwei US-Dollar hin.
Nicht enthalten ist darin die Zahlung einer einmaligen Einreisegebühr von 30 US-Dollar.

Die Abfertigung geht reibungslos.
Als ich die Zollkontrolle passiere, nimmt der Zöllner aus dem Stapel von Papieren mit einem Griff meine Zollerklärung heraus und winkt mich durch.

Ein großes Plakat in der Ankunftshalle heißt die Flugpassagiere herzlich willkommen in der „Demokratischen Volksrepublik Laos". Daneben baumelt eine Flagge mit Hammer und Sichel.
Laos ist ein sozialistisches Land.

Die Laoten sind in ihrer Art etwas schwerfällig und haben von Natur aus schon den „sozialistischen Gang". Nichts scheint sie aus der Ruhe zu bringen.
Wenn also der Sozialismus etwas gebracht hat, dann ist es die Ruhe und Gelassenheit. Das aber entspricht ganz ihrer Mentalität.

Das Leben in Laos wird - wie auch in Kambodscha und Vietnam - maßgeblich von dem über 4.100 Kilometer langen Mekong geprägt. Er ist der zehntlängste Fluss auf der Erde.
Das 236.800 Quadratkilometer große Land ist der einzige Binnenstaat in Südostasien und erstreckt sich über 1.200 Kilometer von Nordwesten nach Südosten. Das Land hat eine Durchschnittsbreite von 200 Kilometer.
Laos ist ein gebirgiges, unwegsames Land mit Hochebenen, Bergen und Schluchten bis hin zum weiträumigen fruchtbaren Gebiet des Mekongs.
Grüne Dschungellandschaften mit Flüssen und Bächen.
Laos grenzt im Norden an China, im Osten an Vietnam, im Süden an Kambodscha und im Westen an Myanmar und Thailand.

# Vientiane

Vientiane war im Jahr 1980 nicht größer als 100.000 Einwohner - eine Hauptstadt mit Kleinstadtcharakter, teilweise mit dörflicher Atmosphäre. Sie ist aus einzelnen Dörfern entstanden. Man spricht nicht von Stadtteilen, sondern immer noch von Dörfern.

Vientiane ist überschaubar.
Eine Hauptstadt ohne großen Straßenverkehr. Es ist kein Problem, eine Straße zu überqueren.
Eine ruhige Hauptstadt mit französischen Flair und asiatischer Bescheidenheit.

Vientiane ist ein Zentrum mit Klöstern, Tempeln und kleinen Schlössern, die teilweise aus Lehm gefertigt wurden, aber auch Häuser aus Stein.

Parallel zum Mekong verläuft der Boulevard.
Über die „Avenue Lane Xang" fahren ein paar Autos, Taxis und dreirädrige Tuk-Tuks. Die Avenue führt zu einem Triumphbogen, der dem an der Champs-Elyssee in Paris ähnelt, aber kleiner ist.

Von unserem Hotel, das am Mekong liegt, erleben wir herrliche Sonnenuntergänge.
Fledermäuse fliegen über das Wasser.

Einige Tage später ziehen wir ins Hotel „Lane Xang" um.

In unserem Hotel residiert jetzt eine Regierungsdelegation. Kein Problem für uns, das Hotel zu wechseln.

Das Lane Xang-Hotel ist im Rahmen des Vietnamkriegs bekannt geworden, als geheime Treffen von Geheimdiensten und Militärs aus Ost und West hier stattfanden.

Von hier aus hat auch der bekannte Fernsehjournalist und Buchautor Peter Scholl-Latour für die deutschen Fernsehsender ARD und ZDF berichtet. Heutzutage trifft man hier ab und zu Bundesbeauftragte, auch Bundestagsabgeordnete, die in Laos irgendeine „Strukturanalyse" durchführen.

Ganz in der Nähe des Hotels befindet sich ein Platz mit Springbrunnen. Hier sitzen wir fast jeden Abend und trinken Bier, ein gut schmeckendes Bier.

Das laotische Bier schmeckt vorzüglich, ist aromatisch und hat auf einer internationalen Biermesse in Ost-Berlin - hinter dem Pilsener Urquell - den zweiten Platz erzielt.

Serviert wird das Bier aus einer drei Liter fassenden Milchkanne aus Glas.

Die Trinkgläser sehen wie Zahnputzbecher aus.

Wir sitzen mit Laoten zusammen, von denen zwei deutsch sprechen. Unter sich sprechen sie „Lao", ihre heimische Sprache.

Die deutsch sprechenden Laoten lernten Deutsch in der ehemaligen DDR, als sie mit 38 weiteren Laoten in Leipzig und Dresden den Beruf eines Werkzeugmachers erlernten.

Sie erzählen, dass sie heute als Reiseleiter ein Vielfaches des sonst monatlichen Durchschnittsgehalts in Laos verdienen. Die Schwester würde gerne mit ihrem Bruder gehaltsmäßig tauschen wollen und ihren Beruf als Ärztin an den Nagel hängen ...

Der Weg zur Toilette im Hotel ist nicht weit.
Ich verspüre Harndrang und flitze im Dunkeln über eine Grünfläche, denn nach 22.00 Uhr besteht in Vientiane Stromsperre.
Plötzlich falle ich in eine Rinne und schreie vor Schreck laut auf, denn ich weiß nicht, was passiert ist. Mit den Füßen und Beinen bin ich in einer 30 Zentimeter breiten Rinne gefangen. So, wie ich hineingefallen bin, schwinge ich mich wieder heraus. Ich liege jetzt seitlich und betaste mich: Ist etwas gebrochen? Gott sei Dank: „nein"!
Ich humple zum Hotel, und stelle fest, dass ich an den Beinen und Füßen tiefe Schürfwunden habe.
Eigentlich hätte ich in ein Krankenhaus gehen müssen, aber in zwei Tagen will ich in die „Ebene der Tonkrüge" fahren. Außerdem habe ich über die Krankenhäuser in Vientiane nichts Positives gehört.

## **Nur nicht das Gesicht verlieren!**

Von meinem Sturz habe ich den Laoten nichts erzählt, denn ich wollte sie und ihr Land nicht „beleidigen". Der Zustand der Krankenhäuser ist problematisch.
Asiaten sind äußerst empfindsam, wenn es darum geht, „das Gesicht zu verlieren". Für sie ist es ganz wichtig, selbst bei Streitigkeiten die Chemie der Harmonie zu erhalten.

Bei allen Gegensätzen darf es nicht so weit kommen, dass die Harmonie „zerrissen" wird.
Daher zögern Asiaten auch mit einem „Nein", um ihr Gegenüber nicht zu beleidigen. Für sie ist die Harmonie übergeordnet und ein Stück Lebensqualität. Harmonie wird als Glücksgefühl angesehen.

## Exkursion in die „Ebene der Tonkrüge"

Ein Bus steht nicht zur Verfügung, und Taxis fahren nicht in dieses trostlose Gebiet.
Nur mit einem Linienbus komme ich dorthin.

Gedränge vor der Eingangstür.
Viele Hände, die dem Fahrer Geldscheine entgegenstrecken. Jeder will mitfahren und unterwegs Freunde und Bekannte besuchen.
Gefahren wird auch, wenn der Bus überfüllt ist.

Die „Straße" ist holprig.
Der Fahrer bremst auf freier Strecke, und im „Hauruckverfahren" geht es weiter und weiter. Der Motor qualmt.
Nach 20minütiger Pause fahren wir in den nächsten Ort.
Leute steigen aus, neue kommen hinzu.
Der Motor wird mit einem Wasserschlauch heruntergekühlt, und weiter geht's.
Kein Fahrzeug kommt uns entgegen, die Gegend ist menschenleer.
Zu sehen ist nur die Staubwolke, die der Bus hinter sich herzieht.

## In der Ebene der Tonkrüge

Wir erreichen die etwa 30 Kilometer lange und zwölf Kilometer breite „Ebene der Tonkrüge".

Mehrere hundert kleine und große Tonkrüge (bis zu etwa drei Meter hoch) liegen dort wie umgekippt und geben Rätsel auf.

Wofür hat man sie gebraucht? Wissenschaftler sind sich nicht einig.

Ihr Alter wird auf 1.500 bis 2.000 Jahre geschätzt. Das Gewicht beträgt bis zu 6.000 Kilogramm.

Festgestellt wurde, dass das verwendete Material höchstwahrscheinlich nicht aus Laos stammt.

Wie es auch sei, jedenfalls sind die Tonkrüge Zeugnis einer alten, unbekannten Kultur.

Auffallend viele Bombentrichter sieht man in der Ebene. Woher sie stammen, ist klar.

Während des Vietnamkriegs haben die USA zwischen 1965 und 1973 2,1 Millionen Tonnen Bombenmaterial auf Laos abgeworfen. Menschen, Wälder, Pflanzen und Elefanten fanden den Tod.

Der Grund dafür war, dass Laos am Tunnelsystem des „Ho-Chi-Minh-Pfades" beteiligt war. Er verlief teilweise auf laotischer Seite. Man konnte ihn aber nicht genau orten, so dass ein Großteil des Landes mit dem Entlaubungsmittel „Agent Orange" im vierminütigen Takt der Bomben 24 Stunden lang täglich angegriffen wurde.

# Luang Prabang

Ich fliege mit einer zweimotorigen Propellermaschine nach Luang Prabang.
Die Notausgangstür ist mit einem Draht doppelt gesichert. So ganz vertrauenswürdig ist die Sache nicht. Ein mulmiges Gefühl, aber die Maschine fliegt ...
Unter den Passagieren Mönche, aber auch vierbeinige Passagiere: Tiere, die im Gang stehen und vom Halter mit einer Leine gehalten werden. Aber was soll schon passieren, wenn Geistliche an Bord sind? Geflogen wird auf Sicht, über Wälder und Flüsse hinweg im Tiefflug. Aber die Landung auf der holprigen Piste ist sicher.

Luang Prabang, die alte Königsstadt, ist mehr eine Anhäufung von Tempeln und zahlreichen Pagoden, Häusern und Hütten unter Palmen und hinter Buschwerk.
Heute ist Luang Prabang ein kulturelles Zentrum mit etwa 40.000 Einwohnern.
Acht Jahrtausende regierten hier die Könige.

## Drei Tage „Überlebenstraining"

Wir befinden uns im Flusssystem des Mekongs. Gegessen wird, was die Natur hergibt.
In Zelten leben wir bei feucht-heißem Klima am Fluss.
Ein laotisches Paar grillt für uns. Auf zwei Grills liegen gestapelt

Knochen von Eichhörnchen. Sie riechen bereits. Ein penetranter Geruch breitet sich aus. Es wird höchste Zeit, das Fleisch mit den Knochen zu grillen.
Nach dem Grillen werden die Knochen zerteilt und in einen Topf mit Wasser gegeben, das aus dem Fluss kommt. Eine Suppe wird gekocht und mit Kräutern angereichert. Sie schmeckt sogar.

Raupen, die auf einer Art Tisch herumkrabbeln werden eingesammelt und ebenfalls gegrillt. Anschließend werden sie serviert.
Am besten nicht hinschauen, was man in den Mund steckt! Dies ist natürlich leichter gesagt als getan.
Aber auch die Raupen haben geschmeckt.

Tagsüber spielen Kinder am Fluss.
Sie hängen sich an Baumwurzeln (Lianen), klammern sich fest und schaukeln schwungvoll hin und her - bis sie sich mit Geschrei ins Wasser fallen lassen, Ausdruck kindlicher Freude.

Wir suchen Büsche und Pflanzen ab, um mit Kriechtieren und Insekten das Abendbrot vorzubereiten. Na ja ...!

Wissenschaftler meinen, mit Insekten das Ernährungsproblem der Menschheit lösen zu können. Kein Wunder, wenn demnächst Insektengerichte auf der Speisekarte stehen.

Wie es auch sei, ich bin froh, das „Überlebenstraining" überstanden zu haben.
Von Vientiane fliegen wir nach Phnom Penh in Kambodscha.

# *Kambodscha*

Höre ich den Namen Kambodscha, denke ich an Angkor Wat und die Demütigung eines ganzen Volks. An die Leidensfähigkeit der Khmer und die kommunistische Machtausübung der Roten Khmer. Das Volk der Khmer ist genau nach drei Jahren, acht Monaten und 20 Tagen durch kommunistische Truppen des wiedervereinigten Vietnam von 500.000 Soldaten gestürzt worden.
Anführer der Roten Khmer war Pol Pot.
Die Roten Khmer verkörperten einen „Steinzeitsozialismus".

## „Steinzeitsozialismus" in Kambodscha

Der Steinzeitsozialismus ist die wohl extremste Ausrichtung der kommunistischen Lehre.
Um sie umzusetzen, wurden brutale Methoden angewendet.
Hier einige Beispiele:
Die Einwohner Phnom Penhs, der Hauptstadt des Landes, wurden in nur wenigen Tagen - es sollen zwei Tage gewesen sein! - aufs Land zwangsumgesiedelt.
Verbunden war damit die Absicht, die Intelligenz zu zerstören und den Willes des Volks zu brechen.
Um dieses Ziel zu erreichen, wurde in den Medien verbreitet, dass die Amerikaner die Bevölkerung Phnom Penhs durch Bombenangriffe innerhalb von zwei Tagen „ausradieren" wolle.

Die Bevölkerung glaubte diese Falschmeldung und verließ die Hauptstadt. Sie wollten schließlich ihr Leben retten.
Wer sich der Maßnahme widersetzte, wurde getötet.

Die Hauptstadt, zuvor eine mehr als 1-Million-Einwohner-Stadt, war nur noch eine Geisterstadt. Der Widerstand war gebrochen.

Auf dem Land musste man nun von morgens bis abends schwer arbeiten.
Widerspenstige wurden überall im Land gefoltert oder getötet.

Das Geld wurde abgeschafft, mit der Begründung, dass Geld „bourgeois" sei.
Man wollte einen neuen „sozialistischen Menschen" schaffen.
Doch die Menschen dachten anders.
Nur für die Gesellschaft zu arbeiten, also für das Bewusstsein oder die Idee, überzeugte die Menschen nicht.
Das „Sein" in der Hand ist überzeugender als nur das „Bewusstsein".

Nach dem Sturz der Roten Khmer reiste ich auf eigene Faust nach Phnom Penh.
Der Name der Hauptstadt setzt sich aus zwei Teilen zusammen:
„Phnom" heißt „Klosterhügel", und „Penh" ist der Name der Frau, die im Jahre 1372 auf dem Hügel eine Pagode errichten ließ.
So entstand der Name Phnom Penh.

Kambodscha ist ein Land, das im Norden an Laos grenzt, im Westen an Thailand, im Osten an Vietnam und im Süden an den Golf von Siam.

Mein Ziel, nach Angkor Wat zu gelangen, scheitert an fehlenden Flugkapazitäten.
Aber auch Sicherheitsfragen stehen im Vordergrund.
Es besteht zwar ein Waffenstillstandsabkommen, aber man traut den Roten Khmer nicht. Sie halten sich in den Wäldern um Angkor Wat auf.

Mir bleibt also nichts anderes übrig, als in Phnom Penh zu bleiben.
Auffallend viele junge Menschen. Sie scheinen Erlebtes bei Sonnenschein und blauem Himmel verdrängt zu haben. Die Hauptstadt ist wieder quirlig.

Selbst über den Hinrichtungsstätten scheint friedvoll die Sonne.
Unzählige Portraits der Opfer hängen unter einem Flachdach an den Wänden.
Ein beklemmendes Gefühl, wenn man in ihre Gesichter schaut.

Eine der vielen Massen-Hinrichtungsstellen befindet sich zwölf Kilometer von der Hauptstadt entfernt in „Choeung Ek". Tausende skelettierte Totenköpfe, aber auch Knochenreste von Beinen und Armen sind hier ausgestellt. Viele der Totenköpfe weisen Frakturen auf. Menschen, die mit einem harten Gegenstand erschlagen wurden, um - wie es heißt - Munition zu sparen.
Aufbruchstimmung bei den Menschen , als sei das brutale System

der Roten Khmer schon vergessen. Das Leben geht weiter.
Schmetterlinge, die sich in der warmen Luft tummeln.
Frauen, die achtlos vorübergehen. Andere, die von der Last des Lebens gezeichnet sind und schwere Holzbündel tragen.

Ich schlendere durch Phnom Penh und komme am Bahnhof vorbei. Zwei Türme markieren den Bahnhof. Zwei Züge verkehren täglich, und zwar nach Sihanoukville am Meer und Battambang im Nordwesten des Landes. Was eine Fahrkarte kostet, weiß ich nicht. Aber es gibt wieder eine Währung.
Ich tausche in der Bank zehn US-Dollar und erhalte ein Bündel Geldscheine, insgesamt 3.900 Riel.
Der Stapel Geldscheine ist so dick, dass er nicht in meine Hosentasche passt.


## **Glück muss man haben!**

Durch Zufall erhalte ich doch noch einen Flugschein nach Angkor Wat.
Ich sitze am Tisch im Hotel „Cambodiana", in dem aus Platzgründen einige Botschaften untergebracht sind.
Zu mir an den Tisch setzt sich ein einheimisches Ehepaar mit ihren beiden Kindern - ein Junge und ein Mädchen. Ich erzähle, woher ich komme und dass ich nun in Kambodscha bin, um auch Angkor Wat zu besuchen.
Der Mann am Tisch ist Direktor der kambodschanischen Fluggesellschaft. Er sorgt dafür, dass ich noch einen Platz - den

letzten - erhalte. Welch ein Glück!
Tatsächlich, die Maschine ist ausgebucht. Wir fliegen in einer Höhe von 6.000 Meter, (damals) unerreichbar für die Geschosse der Roten Khmer.

Etwa 25 Minuten vor der Landung wird der Passagierraum vollkommen vernebelt. Aus den Luftdüsen strömt ein milchiges „Sauerstoff-Gemisch". Warum diese Vernebelung erfolgt, ist nicht zu erfahren.
Im Steilflug setzt der Flieger aus 5.000 Metern Höhe zur Landung an.
Nach der erfolgreichen Landung fahren wir ins 30 Kilometer entfernte Siem Reap. Von hier aus ist Angkor Wat zwölf Kilometer entfernt.

Die Unterbringungsmöglichkeiten sind begrenzt.
Im Königshotel komme ich nur in einem leeren Raum unter, der 40 Schlafstellen hat. Liegematten mit Decken und weißen Tüchern. Hier befand sich früher das Hotel-Restaurant.
Journalisten, die hier auch nächtigen. Licht gibt es nicht, wer nachts zur Toilette muss, hat ein Problem. Gott sei Dank habe ich meine Taschenlampe dabei.
Als ich über die Schlafenden schaue, sehe ich im Lichtkegel sechs bis sieben Zentimeter lange, schwarze Käfer über die weißen Laken krabbeln.

Die Verpflegung ist auf „Sparflamme" reduziert, die ehemalige Hotelküche geschlossen.

Bis vor einem halben Jahr sollen in der Küche Leichen gestapelt worden sein.

Die Besichtigung von Angkor Wat ist allerdings nicht möglich, weil Landminen ausgelegt sein könnten.

Anders ein Jahr später. Zwar auch mit Hindernissen, aber die Besichtigung ist möglich.
Genau an dem Tag, an dem ich von Phnom Penh nach Angkor Wat fliege, ist König *Norodom Sihanouk mit seinem Kabinett und hohen Militärs in den Ruinen von Angkor Wat.*

## *Wer war König Norodom Sihanouk?*

Er war in der neuen Geschichte Kambodschas der Politiker mit den meisten Funktionen.
Politisch war er eigentlich ein „Chamäleon", wechselte häufig die Richtungen.
Prinz Sihanouk, der aus gutem Hause kam, war unter anderem Premierminister, Kommunist, Sozialist und zweimal König.
Er diente anfangs sogar dem Regime der Roten Khmer, bis er schließlich in Ungnade fiel und seines Postens als Staatsoberhaupt enthoben wurde.
Trotz des „Wechselfiebers" und seines Bestrebens nach Macht war er der beliebteste Politiker in Kambodscha.

Prinz Sihanouk floh nach China, wo er sich jahrelang gegen Krebs behandeln ließ. Während dieser Zeit versöhnte er sich mit all seinen politischen Gegnern und kehrte als König aus China zurück.

In Angkor Wat begegnete ich ihm zufällig, als er mit dem Kabinett und hohen Militärs aus den Ruinen kam. Darüber gleich mehr.

Im Alter von 90 Jahren ist er 2012 gestorben.

## Begegnung mit König Sihanouk in den Tempeln von Angkor Wat

Ein roter Teppich liegt vor der Tempelanlage von Angkor Wat.

Als ich am Nebeneingang in die Tempelanlage hineingehe, kommen mir der König, seine italienische Gattin sowie Minister und hohe Militärs entgegen - locker, freundlich und gesprächig. Der König grüßt.
Zwölf große Ledersessel sind in Viererreihen aufgebaut. In der ersten Viererreihe sitzen der König, seine italienische Ehefrau und der Premierminister. Sie unterhalten sich angeregt und freundlich, stärken sich mit Tee, plaudern und schmunzeln.

Eingang zur Tempelanlage Angkor Wat

Angkor Wat

Der König mit Gattin

Bewacht werden sie von acht baumlangen Leibwächtern in langen Gewändern, die fast bis an die Fußspitzen reichen. Colts baumeln unter den Gewändern.
Die Leibwächter sollen Nordkoreaner sein, ein Geschenk des nordkoreanischen Präsidenten Kim Il Jung an König Sihanouk aufgrund eines Staatsbesuchs.

Tanzgruppe vor der Tempelanlage

Eine Tanzgruppe von jungen Frauen tanzt in traditionellen, bunten Kostümen. Anmutige Tänze bei leiser Musik.

Dann tritt der König ans Mikrofon und spricht mit sanfter Stimme zu seinem Volk.

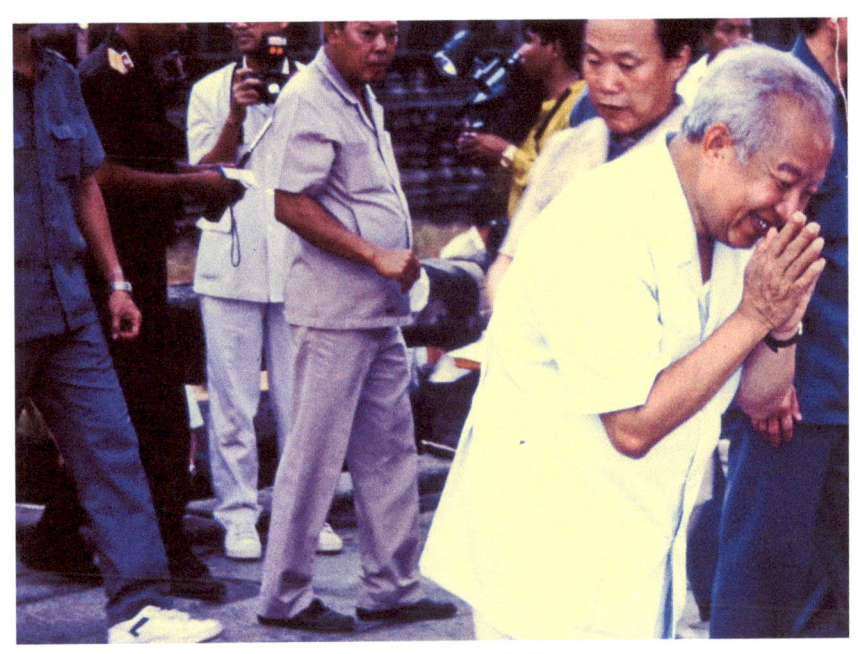

Der König grüßt nach buddhistischer Art

Der König: freundlich und sanft

Er wendet sich auch uns, den Zaungästen, zu.
Ich stehe etwa sechs Meter entfernt und folge seinen Worten.
Zwar verstehe ich nichts, spüre aber seine Freundlichkeit und die Güte seiner Worte.

Der Ort Siem Reap ist voller Soldaten. Mit aufgepflanztem Seitengewehr (Bajonett) sitzen sie auf Militärfahrzeugen. Kampfwagen und viele Einheimische bevölkern den Ort.
Dürre Gestalten sitzen auf zwei Lkw und starren mit leerem Blick auf uns.
Scheinbar können sie noch nicht fassen, von den Roten Khmer befreit worden zu sein.

Frauen in traditionell bunten Gewändern.
Das Ganze hat den Charakter eines Volksfests, auch wenn alles ruhig von statten geht.

Verkaufsbuden, in denen man Bonbons und Zigaretten kaufen kann: sechs Bonbons oder zwei einzelne Zigaretten.

Aus Anlass des hohen Besuchs im Ort sind alle Unterbringungsmöglichkeiten ausgebucht.
Der König hat hier eine Residenz.

Ich bin in einem neuen, noch nicht ganz fertiggestellten Haus untergebracht.
Hier bewohne ich ein gefliestes Zimmer. Die Toilette befindet sich noch im Rohbau und ist nicht funktionsfähig.

Halbverhungerte mit leerem Blick

Im Zimmer stehen ein Bett mit Moskitonetz und ein Stuhl.
Als ich am nächsten Tag frühmorgens aufwache, sehe ich in der Ecke eine faustgroße schwarze Spinne sitzen. Sie schläft scheinbar. Ich ziehe mich schnell und leise an - und verschwinde. Ich habe Angst vor dem Tier.

Am nächsten Tag übernachte ich dann im wiederhergestellten Königspalast, in dem auch UNO-Soldaten untergebracht sind. Insgesamt sollen sich 300 „Blauhelme" im Land befinden.

Der König hat indessen Siem Reap verlassen, und mit ihm sind auch die Soldaten weg.
Zeit genug, jetzt auch die Tempelanlage Angkor Wat zu besichtigen. Sie steht für eine Hochkultur von fast 1.000 Jahren.

„Angkor" bedeutet „Stadt / Hauptstadt", „Wat" heißt „Tempel / Tempelanlage".
Die Tempelanlage ist das größte religiöse Bauwerk auf der Erde.
Man sagt, dass Angkor Wat die „Seele des Volkes der Khmer" ist.

Das Gebiet „Angkor Wat" umfasst auch die „Große Hauptstadt" Angkor Thom und 600 weitere Tempel.
Die Tempelanlage zu besichtigen, ist anstrengend.
„Treppe rauf, Treppe runter" bei ungleicher Stufenhöhe.

Die Tempelanlage liegt in bewaldetem Gebiet. Baumriesen mit Wurzeln, die Teile des Tempels förmlich „verschlingen" (wie ein Tiefsee-Krake).

Wurzelarme umschlingen die Tempelwände, als wollten sie sie „würgen".

Feucht-heiße Temperaturen und unendliche Stille.
Zwitschernde Vögel und Papageien.
Laut kündigt sich eine japanische Reisegruppe an.
Als Erstes wird das Gruppenfoto gemacht, dann folgen Einzelfotos.
Jeder Stein wird fotografiert.
Die Japanerinnen tragen alle weiße Hüte.
Mit Getöse ziehen sie weiter.

Zwischen den Steinen sind hochgiftige Vipern. Schlangen, die kurz sind und eine grünliche Farbe tragen. Sie sind mit den Sandvipern in der Sahara verwandt, nur dass diese die helle Farbe des Sandes haben. Sie passen sich jeweils ihrer Umwelt an.

Reliefs mit vielen Details, zum Beispiel Kriegsszenen und Hahnenkämpfe.

Baumriesen in der Tempelanlage

Um die Tempelanlage herum sind flache Äcker und sumpfige Wiesen.
Waldschonungen mit Riesenbäumen, Sträuchern und Gebüsch.
Doch Vorsicht ist geboten!

Um so manches Motiv genauer erfassen zu können, verlässt man unbewusst den Weg.
An Landminen, die unter einer Laubschicht liegen könnten, denkt man in diesem Moment nicht.

Plötzlich tauchen aus dem Wald zwei uniformierte Soldaten auf. Ich erschrecke mich. Sind es Soldaten der „Roten Khmer" oder Soldaten der Regierung? Gedanken, die mir sofort durch den Kopf schießen.
Ich gehe spontan auf sie zu und umarme sie.
Dem dritten Soldaten, der aus dem Wald kommt, drücke ich meine Kamera in die Hand und lasse von uns ein Foto machen.

Die Spontanität gefällt ihnen.
Sie strahlen. Es sind auch die „richtigen" Soldaten, nämlich die Regierungssoldaten.
Sie warnen mich, dass ich auf Minen achten soll, und wir verabschieden uns freundlich.

Wie wichtig die Warnung ist, sehe ich als zwischen zwei Mopeds ein Verletzter auf einem Tuch liegt. Er ist auf eine Mine getreten und wird zur nächsten Krankenstation gefahren.

Sind es Rote Khmer? Zum Glück nicht!

Krankentransport in Kambodscha

## Mit dem Schnellboot zurück nach Phnom Penh

Man nennt diese Schnellboote - wie in Russland - „Raketa".
Es ist 05.30 Uhr, als ich morgens das Hotel verlassen will. Aber es ist verschlossen und kein Mitarbeiter ist an der Rezeption zu sehen.

Die Hoteltüre ist zu, obwohl ich am Abend vorher an der Rezeption alles klar gemacht habe.
Das Personal schläft. Hinter der Rezeption steht ein leeres Klappbett, und zwei weitere stehen auf der Veranda (mit Moskitonetz).

Ich wecke den Pförtner unter dem Moskitonetz, der die verschlossene Hoteltüre öffnet.

Draußen steht schon das bestellte Taxi, das mich auf holpriger Straße zur Anlegestelle „Chong Kneas" am See „Tonle Sap" fährt.

Der „Hafen" ist ein aufgeschütteter Wall. Über lose Bretter gelange ich aufs Schnellboot.
Es ertönen die Motoren, und mit etwa 80 km/h braust das Boot los.
Zwischendurch hält es: Passagiere verlassen das Boot, andere steigen ein.
Am Ufer Holzhäuser auf Stelzen, die dicht am Wasser stehen.
Frauen und Kinder bei der Morgenwäsche.

Das Schnellboot nimmt wieder Tempo auf, und zieht eine Fontäne hinter sich her.
Wellenberge und Wasserspritzer wie Regengüsse, die gegen die Scheiben prasseln.
Vor meinem Fenster baumeln zwei Füße - ein Schiffsjunge, der die Beine herunterbaumeln lässt.

Phnom Penh ist in Sicht.
An der Haltestelle Menschen, Taxis, Kleinbusse und Tuk-Tuks.
Das Leben pulsiert wieder in den Straßen, jedenfalls optisch.
Mopeds mit jungen Leuten, und Amputierte mit selbst aus Holz konstruierten Gehhilfen. Bilder, die man als Fremder erst mal wahrnimmt.

Ich bin rechtzeitig in der Hauptstadt, um von hier aus nach Hanoi zu fliegen, der Hauptstadt Gesamt-Vietnams. Der Krieg ist längst beendet.

# *Vietnam*

## Flug von Kambodscha nach Vietnam

Abflugschalter in Phnom Penh:
Bis auf einen Sikh aus Indien und einen Kubaner checken nur Europäer ein; keiner aus Ostasien.
Unter den Europäern sind unter anderem ein blasser Skandinavier mit pickligem Gesicht, rundliche Holländer und Fotoreporter aus verschiedenen europäischen Ländern.
Der Bärtige aus Kuba sieht aus wie einst der junge Fidel Castro, der kommunistische Führer, Revolutionär und spätere Staatschef von Kuba.

Wegen einer Flugzeugpanne startet die vietnamesische Maschine erst mit einstündiger Verspätung. Mehr erfahren wir nicht.

Unmittelbar nach der Landung in Hanoi betreten drei uniformierte vietnamesische Grenzer mit roter Armbinde sowie ein Mann mit Anzug und großer Sonnenbrille den Passagierraum.
Der Mann mit der Sonnenbrille begrüßt zwei Passagiere mit Handschlag. Sie müssen sich kennen. Diese Passagiere dürfen bevorzugt aussteigen, dann können auch die anderen Passagiere das Flugzeug verlassen.

Am Einreiseschalter erfolgt die Passkontrolle. Visaanträge werden geprüft. Der Pass und die Visaanträge erhalten je zwei rote

Stempelabdrücke.
Genau nachgezählt werden an einem anderen Schalter die Angaben der Geldbeträge.

In Hanoi ist es recht frisch.
Ich bin froh, meine gefütterte Lederjacke bei mir zu haben. Eine schwarze, sportlich geschnittene Jacke, die ich schon seit 30 Jahren habe.
Betrete ich ein Flugzeug, werfe ich die robuste Lederjacke in die Fächer und hole sie nach der Landung wieder raus.

Vom Flughafen führt eine geteerte Straße direkt nach Hanoi.
Reisfelder links und rechts der Straße.
Auf den Reisfeldern arbeiten Frauen mit geflochtenen Hüten. Ochsen mit mächtigen Hörnern, die einen Pflug ziehen.

Hanoi ist in Sicht, der Verkehr verdichtet sich.
Fahrräder, Mopeds und Autos. Lkw der Marke IFA aus der DDR.

Am Straßenrand werden zwei Lkw aus Russland „flott" gemacht. Die Fahrer „kurbeln" immer wieder, und nach mehreren Versuchen springt endlich der Motor an.
Geblieben sind die alten französischen Häuser aus der Kolonialzeit und die breiten Baumalleen.

Das Hotel, in dem ich wohne, ist noch aus sowjetischer Zeit, als der Sozialismus noch streng ausgelegt wurde.
Ich besuche Vietnam nach dem Krieg, als ein vereinigtes Land.

Im Hotel angekommen, erlaube ich mir erst mal ein einheimisches Bier der Marke „Bia Sónghan".
Die Zimmer sind schlicht und einfach. Ein Telefon gibt es nicht. Wenn morgens Wecken angesagt ist, poltert man einfach an die Tür.

Die Wiedervereinigung Vietnams verdanken die Vietnamesen ihrem kommunistischen Führer Hồ Chí Minh. Schon zu seinen Lebzeiten war er eine Legende.
Die Wiedervereinigung erfolgte wie in Deutschland problemlos.

## Wer war Hồ Chí Minh?

Der aus einfachen Verhältnissen stammende vietnamesische Führer verlangte seinem Volk alles und wirklich alles ab, um die Wiedervereinigung Nord- und Südvietnams unter sozialistischer Führung zu erreichen.

Der zierliche alte Mann mit dem asketischen Aussehen und dem schütteren Kinnbart ist die Symbolfigur des wiedervereinigten Landes.
Hồ Chí Minh war ein geschliffen denkender Revolutionär und zu allem entschlossen, wenn es um das Ziel der Wiedervereinigung ging.

Das Land war nach dreißigjährigem Krieg - erst gegen die Kolonialmacht Frankreich und dann gegen die USA, oder besser gesagt: der USA gegen Nordvietnam - aus ideologischen Gründen gespalten.

Bevor Hồ Chí Minh am 2. September 1969 verstarb, sagte er bescheiden:

*„Meine Vergangenheit will nichts besagen,
nur die Zukunft zählt!"*

Das zeichnet sein ganzes Wesen aus.

Hồ Chí Minh wollte nach seinem Tod verbrannt werden, aber aus Tradition zu Lenin und Mao hat man auch für ihn ein Mausoleum gebaut. Hierfür hat man ausschließlich Naturalien ganz Vietnams verwendet. Eingeäschert zu werden hat er testamentarisch hinterlegt.

Der Wiedervereinigungsprozess vollzog sich unauffällig, weil auch Nordvietnam nicht „mit dem großen Hammer" kam.

Die ehemalige Hauptstadt Südvietnams, Saigon, trägt heute seinen Namen.

# Romantik und Mystik in der Halong-Bucht

„Hạ Long"-Bucht bedeutet „Bucht des untertauchenden Drachen".

Von Hanoi etwa 160 Kilometer entfernt, gehört die Bucht zweifelsohne zu den schönsten und eindrucksvollsten Wundern der Erde und wurde 1994 in die Liste des UNESCO-Weltkulturerbes aufgenommen.
Eine Kulisse hunderter kleiner und größerer zerklüfteter Felsen, Höhlen, Grotten und Inselchen, gelegen im smaragdgrünen Wasser.

Ein unvergessliches Erlebnis ist die Einfahrt in die Bucht bei Sonnenaufgang.
Ein Gefühl, als würde die Erde neu entstehen; geheimnisvoll und romantisch zugleich.
Kleine und größere Holzboote mit Segeln, sogenannte Sampans, gleiten in die Halong-Bucht hinein.
Dschunken, die im Wasser treiben.

Steile Buchten, die ein Siedeln unmöglich machen.
Die Fischer bauten daher schwimmende Haussiedlungen, um täglich die lange Anfahrt zu vermeiden.
Hausboot-Siedlungen, die man auch „Bootsortschaften" nennt.

Die Halong-Bucht, ein Wunder der Natur.

## **Flug von Hanoi nach Da Nang**

Schaut man auf die Karte, erstreckt sich Vietnam wie ein langgestrecktes „S".

Entlang des südchinesischen Meers präsentiert sich ein 3.000 Kilometer langer, weißer Strand ohne Badegäste (zu der Zeit, als ich dort war).

Mit einer Fläche von 331.690 Quadratkilometer ist Vietnam nicht ganz so groß wie Deutschland (357.168 Quadratkilometer).

Bekannt sind Fleiß und Emsigkeit der inzwischen mehr als 93 Millionen (Stand: 2014) Vietnamesen. Gesprochen wird Vietnamesisch.

Ein Land mit einer 4.000 Jahre alten Kultur und einer leidvollen, tragischen Vergangenheit.

## Đà Nẵng

In Da Nang beträgt die Temperatur 32 °C.
Hier, in der Mitte Vietnams, ist das Klima tropisch und die Teilung Vietnams sichtbar.

## Hội An und Huế

Die 80.000 Einwohner zählende Stadt Hoi An ist im Krieg nur wenig beschädigt worden.
Hauptziel während des Vietnamkriegs waren die alte Kaiserstadt Hue und Da Nang.

Hoi An, die Jahrhunderte alte Hafenstadt, ist chinesisch geprägt.
Chinesische Tempel und Pagoden. Bunte Geschäfte mit farbigen Lampions.
Alte Kaufmannshäuser am Fluss „Song Thu Bon" vermitteln das China des 19. Jahrhunderts.
Die Stadt hat sich zu einer Art „Künstlerstadt" entwickelt.

Hue ist die alte Kaiserstadt, in der während des Vietnamkriegs erbitterte Kämpfe geführt wurden.
Hier verlief die Grenze zwischen Nord- und Südvietnam. Es war die Zeit von 1964 bis 1975.
In dieser Zeit entstand ein Tunnelsystem, das nach Ho-Chi-Minh benannt wurde, der sogenannte „Ho-Chi-Minh-Pfad".
Mehr als 40.000 Guerilla-Kämpfer Nordvietnams benutzten den Tunnel, um nach Südvietnam einzusickern. Man nannte sie „Vietcong".
Teile des Tunnels verliefen teilweise durch Kambodscha und Laos (an der Grenze).
Sie wurden als „Schlupfwinkel" für die Vietcong genutzt.

# Der Ho-Chi-Minh-Pfad

Das Tunnelsystem war ein wichtiges strategisches Mittel im Kampf gegen die USA. Man sprach sogar von einem Wendepunkt des Krieges zugunsten von Nordvietnam, dem sozialistischen Staat.

Der Ho-Chi-Minh-Pfad befindet sich zwölf Meter unter der Erde (drei Stockwerke). Er soll 280 Kilometer lang gewesen sein. Hierüber gibt es aber unterschiedliche Angaben.

Die USA versuchten, das Tunnelsystem genau zu orten. Das scheint aber sehr schwer gewesen zu sein.
Um eine genaue Lage zu gewinnen, wurden Wälder und Landstriche durch Chemikalien entlaubt und vernichtet. Es sollen 40 Millionen Liter Gift versprüht worden sein, um ein freies Sichtfeld zu haben.

B-52 Bomber warfen flächendeckend Phosphorbomben über Vietnam ab.
Es entstand der Inbegriff des „schmutzigen Krieges".
Dafür sorgten die neuen Technologien. Sie dokumentierten der Weltöffentlichkeit zum ersten Mal, wie „schmutzig" der Krieg in Wirklichkeit ist.

Die Bilder gingen um die Welt, als Phosphorbomben auf das Dorf „Trang Bang" fielen.
Es war der 08. Juni 1972, als das neunjährige Mädchen Kim Phúc

zusammen mit anderen Kindern weinend und schreiend eine Straße entlanglief. Das Mädchen riss sich die brennenden Kleider vom Leib. Dieses Bild mit dem nackten Mädchen ging um die Welt.

Weinende Kinder, darunter Kim Phuc (unbekleidet), flüchten nach einem Napalm-Angriff

Das Dorf Trang Bang wurde dem Erdboden gleich gemacht, um Erinnerungen und Zeitdokumente zu vernichten.

Das Mädchen Kim wurde in Deutschland erfolgreich operiert.
Als der Pilot und Koordinator dieses Angriffs das Bild der weinenden und schreienden Kinder mit der nackten Kim sah, ließ ihn dieses Bild nicht mehr los.
Beide standen sich später in Washington bewegungslos und schweigend gegenüber.

Dann ging die inzwischen über vierzigjährige Kim auf den Piloten zu. Sie umarmten sich und weinten. Viele Tränen flossen.

Immer mehr amerikanische Soldaten zweifelten am Krieg und sahen keine Motivation, den Krieg aus ideologischen Gründen (gegen den Kommunismus) zu führen.
Insgesamt sollen zwei Millionen Vietnamesen ums Leben gekommen sein.
Bomben auf Kinder und 58.000 gefallene US-Soldaten.
Die amerikanischen Truppen sollen nicht mehr gewusst haben, gegen welchen Feind sie kämpften.

„Saubere" Bomben gibt es nicht, die wie Weihnachtsbäume vom Himmel fallen. Aber das Bild wird weiterhin so vermittelt.

Die Folgen des Krieges sind heute noch sichtbar.
Missbildungen, verformte Körper, aufgedunsene Augenlider und Ohren, handgroße Geschwüre auf der Haut und eine hohe Krebssterblichkeit, usw.

Nach Informationen soll der Vietnamkrieg der größte Vernichtungskrieg gegen Menschen und Natur in der Geschichte der Menschheit gewesen sein. Und das alles „im Namen der Demokratie"?

Es sollen mehr Bomben gefallen sein, als im Zweiten Weltkrieg auf ganz Europa fielen.

## Der Autor im Tunnelsystem

Im Ort „Củ Chi" ist ein Teil des Ho-Chi-Minh-Pfades für die Öffentlichkeit freigegeben worden.

Ich steige senkrecht in einen 30 bis 40 Zentimeter breiten Schacht ein, der meterweit steil nach unten führt. Ein Tunnelsystem für schmale Menschen, ganz auf die Vietnamesen ausgerichtet.

Fidel Castro, der kubanische Kommunistenführer und Staatschef, versuchte, in den Tunnel einzusteigen, aber seine Ausmaße überschritten dessen Enge. Er hatte sich wohl unter- oder überschätzt.

Im ersten Stockwerk angekommen, beginnt ein 90 Zentimeter niedriger Gang, der bei meiner Größe von 1,81 Meter nur im „Knicker-Bocker-Stil" zu bewältigen ist, oder man kriecht. Die Tunnel sind trocken-lehmig. Ein beklemmendes Gefühl, Platzangst darf man nicht haben. Obwohl ein Belüftungssystem besteht, ist die Luft schlecht. Nach etwa 60 Meter Tunnel kommt ein Raum, in dem man normal stehen kann.

Niedrige Gänge im Tunnelsystem des Ho-Chi-Minh-Pfads>

Tunnelsystem des Ho-Chi-Minh-Pfads

Auch die Kameraleute des französischen Fernsehens haben große Schwierigkeiten, die Gänge zu passieren.

Räume mit Hängematten und Kommandozentrale.
Interessant ist das Küchensystem in Verbindung mit den Abzugsrohren.

Innerhalb des Tunnelsystems - hohe Räume zum Stehen

Innerhalb des Tunnelsystems - hohe Räume zum Stehen

Kilometerweite Rohre, die den Rauch abführen, um nicht erkennen zu lassen, wo die Küchen sind. Sie wären sonst bombardiert worden.

Im Tunnelsystem getarnte Falltüren. Löcher mit spitzen, vergifteten Bambuspfeilen; Eindringlinge, die aufgespießt werden und qualvoll sterben.

Die Amerikaner versuchten alles, um in das Tunnelsystem einzudringen. Aus ihren Reihen benötigte man smarte Typen, die man „Tunnelratten" nannte.

Dann versuchte man, Gas hineinzupumpen.

Aber die Vietcong hatten für diesen Fall schon längst undurchlässige Gas- und Feuertüren eingebaut.

Man setzte deutsche Schäferhunde ein, die man auf den Geruch der Vietcong abrichtete. Aber auch dieser Versuch schlug fehl, weil die Vietcong amerikanische Seifen und Düfte benutzten. Die kannten aber die Schäferhunde und reagierten nicht, weil ihnen die Düfte bekannt waren.
Außerdem setzten die Vietcong gegen die Hunde Pfefferspray ein.

Die Vietcong sollen das Tunnelsystem bis hin zum Flughafen erweitert haben - auch bis zum Mekong (als Ausgänge).

Steil ist der Ausstiegsschacht, der mit Laub und Gesträuch getarnt ist.
Ein gerillter Metalldeckel, um Luft in den Tunnel dringen zu lassen.

Wie konnte aber die stärkste Militärmacht der Erde gegen „Barfußkrieger" den Krieg verlieren?

Autor mit Vietcong-Helm am Tunnlausgang (unter Laub und Gesträpp nicht erkennbar)

Weil ein Krieg auf Dauer gegen das Bewusstsein der Menschen nicht zu gewinnen ist! Was nutzt daher das Knowhow der Technik?

Außerdem spielten die Vietnamesinnen im Krieg eine wichtige Rolle.
Viele hübsche Vietnamesinnen heirateten amerikanische Soldaten. Darunter sollen auch Spioninnen gewesen sein.
Nach zwei Jahren Ehe plaudert man auch über berufliche Dinge, und nicht nur über die Liebe ...

## Saigon / Ho-Chi-Minh-Stadt

Im Zentrum der heutigen Ho-Chi-Minh-Stadt, dem früheren Saigon, steht eine Statue des großen Revolutionsführers Ho Chi Minh. Statt der Bars gibt es heute meist Läden und Cafés, die unter anderem Antiquitäten aus Kambodscha anbieten.
Geblieben ist das Chinesenviertel „Cholon", in dem es weiterhin schmuddelig ist.

Nach der Phase der Zurückhaltung Nordvietnams beginnt das frühere Saigon wieder zu leben.
Überall wird gehandelt, gegessen, Tee getrunken - vom Duft der Räucherstäbchen eingehüllt.
Das Leben ist ruhiger, das heißt realer geworden, und nicht von einer glitzernden Scheinwelt überspannt, die viele Menschen verwirrt.

Sicherlich fehlt das Flair des Anrüchigen, als etwa 130.000 Mädchen die Köpfe der amerikanischen Soldaten verwirrten.

Heute ist das Leben anders: auf den Straßen Fahrräder, Mopeds, Rikschas und Motorräder.
Die jungen Leute fahren im Kreisverkehr und zeigen voller Stolz, dass sie ein neues, das reale Leben, entdecken. Auch das einfache Leben kann Spaß machen.

Das Straßenbild ist bunt und lebendig.
Frauen tragen wie selbstverständlich das enge, erotisch wirkende Kleid „Ao Dai", ein langes Seidenkleid, das bis zur Hälfte „geschlitzt" wieder Bein zeigt.

Doch nach dem Krieg verließen viele Vietnamesen ihr Land; sie trauten den Kommunisten nicht.
Über die Meere versuchten sie, Hongkong und Singapur zu erreichen. Man nannte sie „Bootsflüchtlinge".

# Bootsflüchtlinge

Viele Boote wurden auf offener See von Piraten überfallen und ausgeraubt.
Nach Schätzungen sollen 200.000 Vietnamesen dabei ums Leben gekommen sein.

In Deutschland wurde ein Komitee mit Sitz in Köln gegründet, das Bootsflüchtlinge auf See vor Piraten rettete. Das Schiff „Cap Anamur" wurde vom Frachter zum Rettungsschiff umgebaut. Es wurde nach einem türkischen Kap bezeichnet.

Mehr als 40.000 Vietnamesen wurden gerettet und problemlos in die deutsche Gesellschaft integriert. Dabei spielte ihre Mentalität eine große Rolle.

Hierzu ein vietnamesisches Sprichwort:
„Komme ich als Gast, werde im Haus aufgenommen und schließe die Türe, muss ich die Tradition und Gebräuche achten, die dort gelten und sie respektieren."

Es hieß, dass die Integration „unsichtbar" verliefe.

In der ehemaligen DDR nannte man die Vietnamesen wegen ihres Aussehens „Fidschis", obwohl sie nicht aus der Südsee stammten.

Heute ist die Aufbruchstimmung ist in ganz Vietnam spürbar:

In Ho-Chi-Minh-Stadt keine Spur mehr von den 130.000 Prostituierten.
Die „Mamma-sans", Frauen mit kontrollierenden Funktionen im Sexgewerbe, befinden sich in „Umerziehungslagern".
Spielcasinos und Opiumhöhlen sind geschlossen.

## Mekong-Delta

Das Delta ist ein weitverzweigtes Fluss- und Kanalsystem mit einer Fläche von ungefähr 40.000 Quadratkilometer, etwa halb so groß wie Bayern.

Eine Landschaft unendlicher Reisfelder. Wie in alten Zeiten ziehen Büffel den Pflug über die Äcker.
Frauen, die knietief von Hand einzelne Reissetzlinge im Wasser anpflanzen.

Träge fließt der Mekong.
Die meiste Strecke des über 4.000 Kilometer langen Flusslaufs hat er bereits zurückgelegt.
Um den Mekong fruchtbarer Boden, der drei Ernten im Jahr ermöglicht. Gemüsefelder und Mangrovensümpfe.
Bei Monsunregen kann es zu erheblichen Überschwemmungen kommen. Es gibt Ebbe und Flut.

Am Mekong wird so viel Reis geerntet, dass man damit ganz Vietnam versorgen könnte; ein Großteil wird exportiert.

Vietnamesen sind fleißig.
Ein vietnamesisches Sprichwort lautet: „Ohne Fleiß kein Reis!"
An einem Reisfeld halten wir. Es ist ein willkommener Anlass für die arbeitenden Frauen, um ihre Arbeit zu unterbrechen und mit uns zu schwätzen. Sie sind froh - und das hört man immer wieder - dass der Krieg vorbei ist. Das Volk ist müde geworden. Die Menschen versuchen zu vergessen. Sie sehen optimistisch in die Zukunft.

Wir verabschieden uns mit einem Lächeln.
Auch sie lächeln - welch ein Geschenk!

Lächeln überall ...

# Bisher sind (teilweise auch als E-Book) in der Reihe „Vom Nordpol bis zum Südpol" erschienen:

ISBN: 978-3-8334-0587-7

ISBN: 978-3-8334-3161-6

ISBN: 978-3-8334-5431-8

ISBN: 978-3-8370-4804-9

ISBN: 978-3-8391-0082-0

ISBN: 978-3-8423-7633-5

ISBN: 978-3-7322-8359-0

ISBN: 978-3-7347-5031-1

ISBN: 978-3-7322-4604-5

ISBN: 978-3-7412-4044-7

## Außerhalb der Serie erschienene Bücher:

ISBN: 978-3-8391-2488-8

ISBN: 978-3-8448-0450-8

ISBN: 978-3-8482-2421-0

ISBN: 978-3-8482-6727-9

Einige dieser Bücher sind auch als E-Book erhältlich!